O Gato de Botas

Recontado por

Ana Maria Machado

Ilustrações de

Arthur Vergani

1ª edição

FTD

São Paulo – 2018

FTD

Copyright © Ana Maria Machado, 2018
Todos os direitos reservados à
EDITORA FTD S.A.
Matriz: Rua Rui Barbosa, 156 – Bela Vista – São Paulo – SP
CEP 01326-010 – Tel. (0-XX-11) 3598-6000
Caixa Postal 65149 – CEP da Caixa Postal 01390-970
Internet: www.ftd.com.br
E-mail: central.relacionamento@ftd.com.br
Central de atendimento: 0800 772 2300

Diretora editorial	Ceciliany Alves
Gerente editorial	Isabel Lopes Coelho
Coordenador editorial	Estevão Azevedo
Editor especialista	Luís Camargo
Revisora	Elvira Rocha
Editor de arte	Daniel Justi
Projeto gráfico	Edgar Sgai
Diagramador	Estúdio Pindó
Editoração eletrônica	Heidy Clemente
Diretor de operações e produção gráfica	Reginaldo Soares Damasceno

Ana Maria Machado é autora de mais de cem livros. É traduzida em 26 países. Em 2000, ganhou o Prêmio Hans Christian Andersen, considerado o Nobel da literatura infantil. Em 2001, recebeu o maior prêmio literário nacional, o Machado de Assis. Em 2003, entrou para a Academia Brasileira de Letras. Em 2010, recebeu o Prêmio Príncipe Claus, da Holanda, concedido a artistas e intelectuais de reconhecida contribuição nos campos da cultura e do desenvolvimento.

Dados Internacionais de Catalogação na Publicação (CIP)
(Câmara Brasileira do Livro, SP, Brasil)

Machado, Ana Maria
O Gato de Botas / recontado por Ana Maria Machado; ilustração Arthur Vergani. – 1. ed. – São Paulo: FTD, 2018.

ISBN 978-85-96-01177-8

1. Contos - Literatura infantojuvenil I. Vergani, Arthur. II. Título.

17-07198 CDD-028.5

Índices para catálogo sistemático:
1. Contos: Literatura infantil 028.5
2. Contos: Literatura infantojuvenil 028.5

No tempo em que os bichos falavam, havia um moleiro que tinha três filhos. Quando achou que sua vida estava chegando ao fim, chamou os rapazes, despediu-se deles e distribuiu o que tinha.

Para o mais velho, deixou o moinho em que trabalhara toda a vida, moendo o trigo para que virasse a farinha com que todos na aldeia faziam o pão. Era assim que garantia o sustento de sua família.

Para o do meio, deixou um burrico, que transportava essa farinha e fazia serviços de cargas para os vizinhos e, desse jeito, sempre dava mais um dinheirinho para ajudar.

Para o caçula, não tinha mais nada de valor. Meio tristonho, o pai disse a ele:

– Meu filho, não tenho mais nada para lhe dar. Mas, com a minha bênção, lhe deixo este meu par de botas velhas e esta sacola de couro. E lhe peço que cuide do nosso gato. Ele é um bom caçador. Nunca deixou que os ratos comessem nosso trigo ou nossa farinha, como acontece em tantos moinhos por aí...

Daí a algum tempo, quando o velho morreu, o filho mais moço achou que precisava sair pelo mundo, para ver em que conseguiria trabalhar, pois não tinha futuro ali no moinho. Despediu-se dos irmãos, pegou o gato, as botas e a sacola, e foi andando pela estrada.

No fim do dia, cansado, sentou-se junto a uma árvore na beira do caminho e suspirou:

– Que canseira! Que fome! E nem sei o que vou comer…

Com sono, foi fechando os olhos. Mas logo ouviu uma voz que lhe falava como se estivesse miando:

– Me dê suas botas e essa sacola que eu vou caçar…

Assustado, abriu os olhos e viu que era o gato quem lhe falava. Quase zangado, respondeu:

– Não faltava mais nada. Essas botas e essa sacola foram a única coisa que meu pai me deu.

– Mal-agradecido! – respondeu o gato. – E eu, não conto? E a bênção do pai? Não vale nada?

O rapaz sorriu:

– É verdade, você tem razão. Mas bênção, botas, sacola e gato não vão encher minha barriga...

– Isso é o que você pensa – disse o gato. – Eu já falei e repito: me dê suas botas e essa sacola que eu vou caçar. Vá preparando uma fogueira e um espeto para assar o jantar...

– Pode ir. Mas essas botas são enormes para suas patas... – começou a dizer.

Meio espantado, viu então que o gato já estava calçando as botas e elas encolhiam. Passaram a caber direitinho nele. Num instante, o bicho sumiu pelo meio do campo à beira da estrada. Daí a pouco, voltou trazendo uma perdiz na sacola de couro. O rapaz limpou a ave, a assou no espeto sobre a fogueira e os dois comeram à vontade.

No dia seguinte, continuaram a viagem. De novo, o Gato de Botas saiu para caçar. Trouxe duas lebres. Comeram uma, trocaram a outra numa aldeia por pão e batatas. E assim prosseguiram, dia a dia, em direção à cidade, aproveitando as caçadas do gato. Para matar a fome ou para trocar o que ele caçava por algum artigo que precisassem. Como um casaco para o rapaz. Ou um chapéu de abas largas, com plumas, para o gato, que não se contentava mais apenas com as botas e a sacola, e fazia questão de estar sempre elegante.

Um dia, quando já estavam perto da cidade, quase chegando, o gato demorou muito a voltar. O rapaz não sabia por quê, mas eu vou lhe contar.

Nessa tarde, o Gato de Botas teve uma ideia diferente. Foi até o portão do palácio real com um belo faisão que acabara de caçar e o entregou ao soldado que estava de sentinela, dizendo:

– Meu amo mandou entregar este presente ao Rei, com os cumprimentos do Marquês de Carabás...

Daí a pouco, o soldado voltou, com o recado de que o rei mandara agradecer pela lembrança.

Após mais alguns dias, o Gato de Botas voltou ao palácio. Desta vez entregou à sentinela duas lebres gordas, recém-caçadas:

– Meu amo mandou entregar este presente ao Rei, com os cumprimentos do Marquês de Carabás…

Pouco depois, a sentinela voltou, dizendo que o rei e a rainha agradeciam muito pela gentileza.

Na outra vez, quando o Gato de Botas apareceu com três perdizes, em nome do Marquês de Carabás, como presente para a mesa real, o guarda do portão já o cumprimentou de longe, fazendo questão de dizer que o rei, a rainha e a princesa apreciavam muito aquelas lembrancinhas. Pediu-lhe que esperasse um pouco. Logo voltou com um saquinho de biscoitos de amêndoa:

– Sua Majestade, a Rainha, quis retribuir a amabilidade do Marquês de Carabás. E sua Majestade, o Rei, mandou dizer que faz questão de conhecê-lo e visitá-lo um dia destes...

O Gato de Botas nem se preocupou com a possibilidade de ser apanhado em uma mentira se o rei descobrisse que não havia nenhum Marquês de Carabás e que seu dono não podia ser visitado porque dormia embaixo das árvores na beira da estrada. Confiava em sua esperteza e nos efeitos da bênção do moleiro. Só perguntou:

– E sua Alteza, a Princesa?

– Ah, ela não disse nada. Só sorriu e piscou os olhinhos…

As coisas iam bem, pensou o Gato de Botas. Agora precisava passar para a segunda parte de seu plano. Ficou de conversa mole com o guarda da portaria e acabou descobrindo que, daí a cinco dias, a família real ia sair para passear de carruagem de manhã. Ficou sabendo também que eles deviam ir pela estrada que passava pela beira do rio.

No dia do passeio, o gato convenceu seu dono a dar uma volta pela beira do rio, não muito longe da saída do palácio. De repente, se embarafustou pelo meio das pernas dele e acabou derrubando o rapaz dentro d'água. Em seguida, aconselhou:

– Aproveite e tome um bom banho, enquanto eu ponho sua calça e sua camisa para secar.

Era uma boa ideia, e a água estava uma delícia, fresquinha, num dia tão quente. Mas quando o rapaz lhe entregou as roupas, em vez de estendê-las ao sol, o Gato de Botas tratou de esconder tudo debaixo de uma pedra.

Em seguida, foi para a beira da estrada. Assim que a carruagem real apontou na curva, o gato começou a agitar seu chapéu de plumas em grandes gestos e a gritar:

– Socorro! Socorro! O Marquês de Carabás está se afogando!

O cocheiro puxou as rédeas dos cavalos e parou a carruagem. O rei, ouvindo o nome do Marquês de Carabás, olhou pela janela e viu que quem gritava era o Gato de Botas:

– Socorro! Acudam o Marquês de Carabás!

– Mas o que houve?

– Majestade, meu amo foi assaltado por bandidos que o jogaram no rio. E ainda roubaram as roupas dele...

O rei deu ordens para que salvassem o rapaz.

– Mas ele não pode sair da água, Majestade. Os ladrões o deixaram sem roupas.

– Não seja por isso. Ele pode se enrolar nesta coberta que sempre trazemos na carruagem. E mandarei buscar uns trajes no palácio, ainda estamos bem pertinho.

Assim foi feito. Daí a pouco os criados chegavam de volta com uma toalha macia e trajes magníficos e completos para que o rapaz pudesse se vestir, dos pés à cabeça. Atordoado e sem entender nada, ele mal teve tempo de olhar para o Gato de Botas que ronronava a seus pés e lhe fez um sinal para que se abaixasse para lhe fazer um carinho na cabeça. E, nessa hora, se esticou sobre as patas traseiras e lhe disse ao ouvido:

– Para todos os efeitos, você é o Marquês de Carabás, que vive mandando presentes de caça para a família real. Eu tenho de sair agora para resolver umas coisas. Mas confirme que é dono de tudo que disserem que é seu.

Dizendo isso, o gato saiu numa corrida desabalada pela estrada, na direção que a carruagem real ia tomar em seguida, para continuar o passeio. Daí a pouco, chegou a um campo de onde uma porção de camponeses recolhiam feno.

– Quem é o dono desse feno? – perguntou, já imaginando a resposta, porque andara se informando antes.

– É tudo do feiticeiro que mora naquele castelo lá longe, em cima do morro. Um bruxo poderoso, que transforma qualquer um no que quiser.

– Isso mesmo. Ele é meu amo e vocês estão certos. Mas ele deu ordens para que vocês digam que é do Marquês de Carabás, se alguém vier numa carruagem com uma coroa pintada na porta e perguntar. Se não fizerem isso, vai todo mundo virar sapo perebento.

– Sim, senhor, sim, senhor... – prometeram, tremendo, os camponeses.

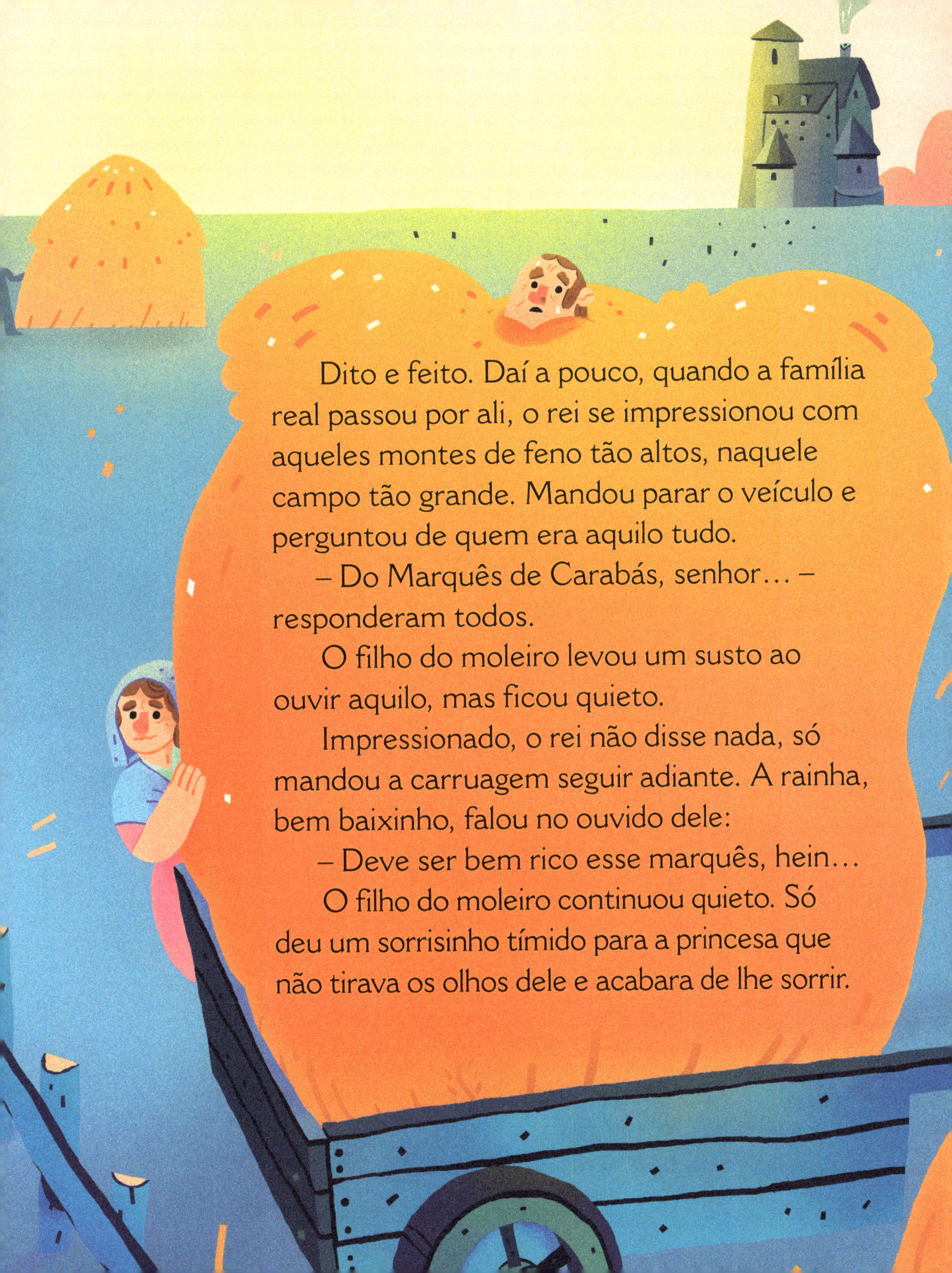

Dito e feito. Daí a pouco, quando a família real passou por ali, o rei se impressionou com aqueles montes de feno tão altos, naquele campo tão grande. Mandou parar o veículo e perguntou de quem era aquilo tudo.

– Do Marquês de Carabás, senhor... – responderam todos.

O filho do moleiro levou um susto ao ouvir aquilo, mas ficou quieto.

Impressionado, o rei não disse nada, só mandou a carruagem seguir adiante. A rainha, bem baixinho, falou no ouvido dele:

– Deve ser bem rico esse marquês, hein...

O filho do moleiro continuou quieto. Só deu um sorrisinho tímido para a princesa que não tirava os olhos dele e acabara de lhe sorrir.

Enquanto isso, o Gato de Botas já chegara a outro campo, todo plantado de videiras, com os cachos de uvas pendurados, quase no ponto bom para a colheita. Uma porção de lavradores trabalhava no parreiral.

– Quem é o dono dessa plantação? – perguntou.

– É tudo do feiticeiro que mora naquele castelo ali, em cima do morro. Um bruxo malvado e poderoso, de poderes mágicos muito fortes.

– Isso mesmo. Ele é meu amo e vocês estão certos. Mas ele deu ordens para que vocês digam que é do Marquês de Carabás, se alguém vier numa carruagem com uma coroa pintada na porta e perguntar. Se não fizerem isso, vai todo mundo virar lagartixa listrada.

– Sim, senhor, sim, senhor... – prometeram, tremendo, os camponeses.

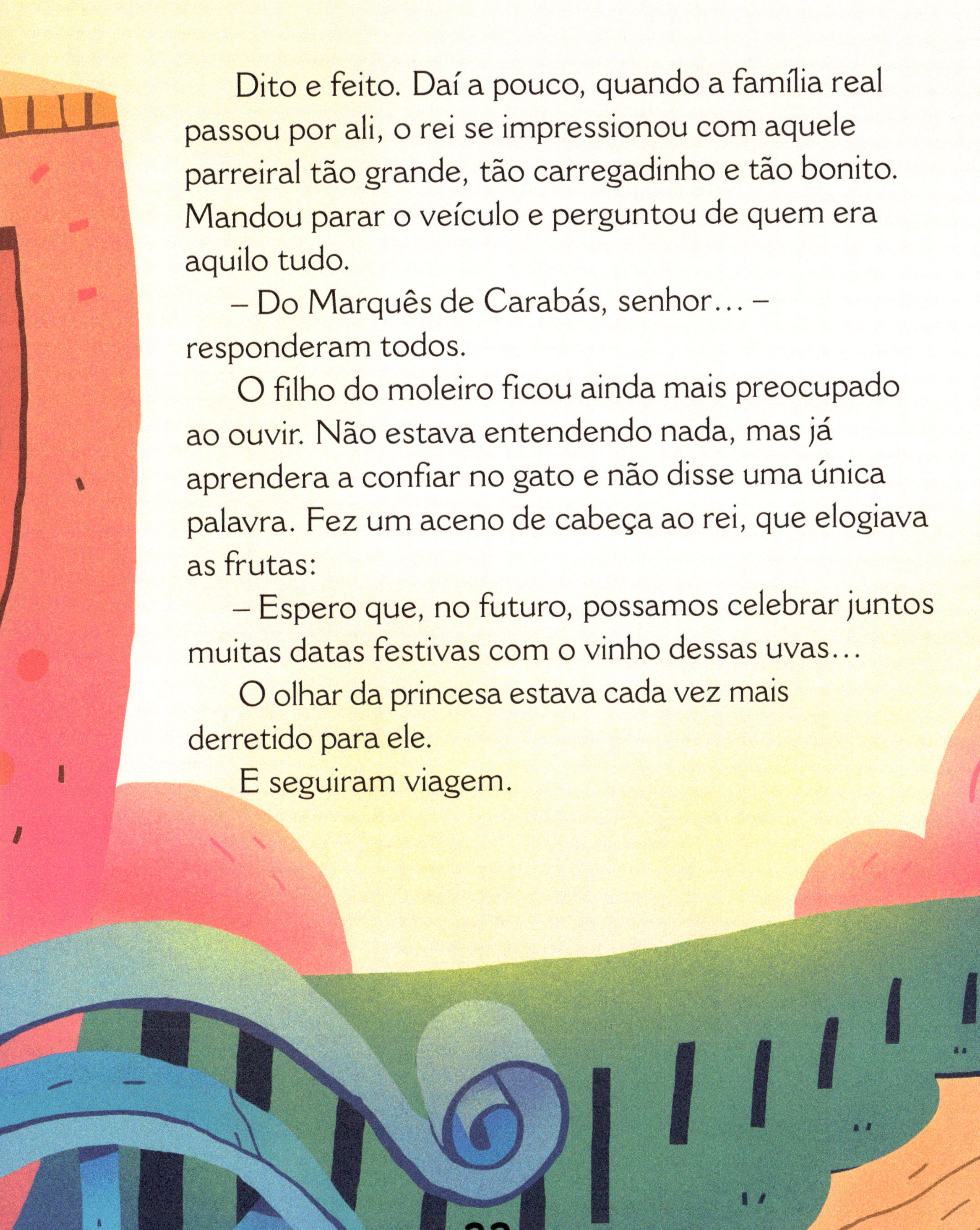

Dito e feito. Daí a pouco, quando a família real passou por ali, o rei se impressionou com aquele parreiral tão grande, tão carregadinho e tão bonito. Mandou parar o veículo e perguntou de quem era aquilo tudo.

– Do Marquês de Carabás, senhor… – responderam todos.

O filho do moleiro ficou ainda mais preocupado ao ouvir. Não estava entendendo nada, mas já aprendera a confiar no gato e não disse uma única palavra. Fez um aceno de cabeça ao rei, que elogiava as frutas:

– Espero que, no futuro, possamos celebrar juntos muitas datas festivas com o vinho dessas uvas…

O olhar da princesa estava cada vez mais derretido para ele.

E seguiram viagem.

O Gato de Botas, porém, era mais ligeiro. Já passara por outro campo, uma pastagem bem verde, cheia de carneirinhos. De novo, a mesma coisa. Quando os pastores contaram que era tudo do feiticeiro dono do castelo, ele mandou que dissessem que o dono era o Marquês de Carabás. E que o Marquês era o dono daquele castelo ali ao lado. E ainda ameaçou:

– Se não fizerem isso, vai todo mundo virar morcego cheio de crocotós.

Eles podiam até não saber muito bem o que era crocotó, se era pereba ou verruga. Mas não queriam virar morcego. Por isso, quando a carruagem real se aproximou, e o rei perguntou de quem eram aqueles rebanhos, todos garantiram que era do Marquês de Carabás, dono daquele maravilhoso castelo que se via ali ao lado.

– Que maravilha! – exclamou o rei, virando-se para o filho do moleiro. – Então podemos ir lá agora mesmo, lhe fazer uma visita e deixá-lo em casa...

O rapaz começou a suar frio. Não estava entendendo nada, mas sabia que nada daquilo era verdade e tinha certeza de que estava se metendo na maior encrenca de sua vida. Nem podia imaginar o que o Gato de Botas estava aprontando naquela hora.

Mas para você eu conto.

O Gato tinha entrado no castelo e pedido para ver o feiticeiro. Quando o encontrou, começou uma conversa comprida, dizendo que tinha vindo de muito longe, porque trabalhava para um gênio no Oriente, que também era um bruxo fantástico, e estava querendo conferir quem era o mago mais poderoso do mundo. Aos poucos, foi provocando o feiticeiro:

– Meu amo consegue fazer chover em pleno dia de sol. Se for preciso, concentra a chuva só no canteiro que ele quer regar. O senhor consegue?

– Claro! – garantiu o feiticeiro. Quer ver? Vai chover só em cima daquela roseira no jardim.

Olharam pela janela e o Gato viu que era verdade. Aí, desafiou de novo:

– Meu amo consegue transformar lenha em chocolate. O senhor consegue?

– Facílimo. Olhe ali na lareira... E prove, para ver se não é uma delícia.

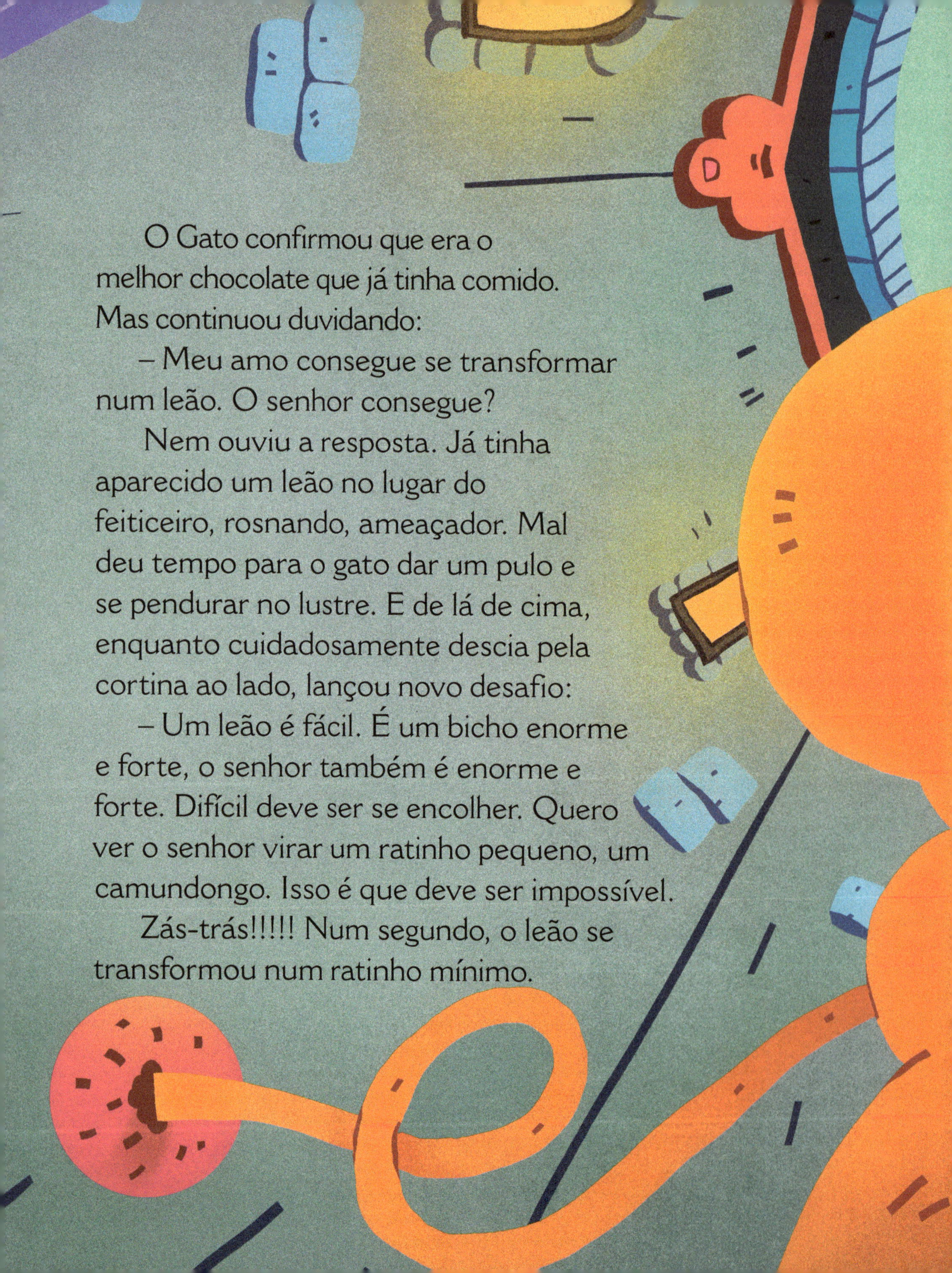

O Gato confirmou que era o melhor chocolate que já tinha comido. Mas continuou duvidando:

– Meu amo consegue se transformar num leão. O senhor consegue?

Nem ouviu a resposta. Já tinha aparecido um leão no lugar do feiticeiro, rosnando, ameaçador. Mal deu tempo para o gato dar um pulo e se pendurar no lustre. E de lá de cima, enquanto cuidadosamente descia pela cortina ao lado, lançou novo desafio:

– Um leão é fácil. É um bicho enorme e forte, o senhor também é enorme e forte. Difícil deve ser se encolher. Quero ver o senhor virar um ratinho pequeno, um camundongo. Isso é que deve ser impossível.

Zás-trás!!!!! Num segundo, o leão se transformou num ratinho mínimo.

Mais rápido que um raio, o Gato pulou em cima dele e o engoliu. Pronto! O feiticeiro estava morto, bem mortinho. Aí o Gato chamou os empregados do castelo e anunciou:

– Sou o novo chefe dos criados do feiticeiro. Informo a todos que, a partir de hoje, ele virou um sujeito bom, de aparência normal, chamado Marquês de Carabás. E está chegando aí agora. Preparem-se para recebê-lo com todas as honras. Mas saibam que, se for preciso, o novo amo poderá usar todos os poderes antigos que tinha. Por isso, tratem de se comportar.

Nem era preciso ameaçar. Todos ficaram muito felizes com o novo dono do castelo, até mesmo os que acreditaram que era só o dono antigo com outra cara. E é claro que o filho do moleiro ficou se chamando para sempre Marquês de Carabás, casou com a princesa, e viveram bastante felizes. Sempre ao lado do Gato de Botas, que de vez em quando ainda saía para caçar – mas só porque gostava.

Quem é
Ana Maria Machado

Meu nome é Ana Maria Machado e eu vivo inventando histórias. Algumas delas, eu escrevo. E dessas que eu escrevo, algumas andam virando livros. Em sua maioria, livros infantis, quer dizer, livro que criança também pode ler. Adoro meu trabalho. Ainda bem, porque acho que não ia conseguir viver se não escrevesse. Tanto assim que já fui professora, já fui jornalista (já fui chefe de uns trinta jornalistas ao mesmo tempo), já fiz programa de rádio e acabei largando tudo para só viver de livro.

Coisas de que gosto: gente, mar, sol, natureza em geral, música, fruta, salada, cavalo, dançar, carinho. Coisas que eu não aguento: qualquer forma de injustiça ou prisão e gente que quer cortar a alegria dos outros. Mas isso nem precisava dizer – é só ler meus livros que todo mundo fica sabendo.

Site da autora: <www.anamariamachado.com>.

Quem é

Arthur Vergani

Nasci em Brasília, em 1992. Morei na Capital Federal, no Rio de Janeiro, em Belo Horizonte e, desde 2002, vivo em São Paulo.

Cresci cercado de livros ilustrados. Um dos eventos de que mais gostava nos tempos de escola eram as feiras de livro. Sempre voltava para casa com mais livros do que conseguia carregar. E assim comecei minha coleção de obras de Ana Maria Machado. Hoje tenho o privilégio de ilustrar uma autora tão presente na minha infância.

Quando criança, só tinha lápis e papel e queria que meus desenhos se mexessem. Eu desenhava fazendo efeitos sonoros!

O Gato de Botas é uma aventura do começo ao fim. Você precisa correr para acompanhar a astúcia do Gato! Nesse corre-corre, procurei explorar ângulos inusitados, misturando desenhos planos, com pouco volume, e pontos de vista diferentes, que sugerem profundidade, além dos gestos, das fisionomias e dos olhares dos personagens.

www.ingramcontent.com/pod-product-compliance
Ingram Content Group UK Ltd.
Pitfield, Milton Keynes, MK11 3LW, UK
UKHW062006290726
14090UKWH00022B/1422